黒表紙の箴言集

堀江秀治

まえがき

本書は唯一私が、人間に理解できるように書いた本である。そして唯一人間をバカにした楽しみの下に書かれた本である。

1

天地神命に誓って嘘をつくのが人間である。

2

恋愛という神話によって、結婚生活に入ると家庭にゴキブリが這い回る。それに耐えられなくなると離婚殺虫剤を撒く。

3

おべっかを言う奴は信じられぬにせよ、愛してやれ。犬が尻尾を振るように可愛いものだ。そして用がなくなったら殺処分にすればよい。

4

ペットを愛する者は、周囲におべっか使の一人もいない孤独な人間である。

5

熟年離婚とは、相手への期待値よりも自分へのそれの方が大きくなったからである。そして、その期待値を支えるのが慰謝料である。

6

熟年の妻が、夫に先立たれて流す涙は、解放の喜びか、それとも金銭の不安かである。しかし世間はそこに貞淑な妻を見る。

7

道徳とは偽善者が作り上げた神話である。

8

神とは、猿から進化したことを認めたくない人間が作り出した偶像である。

9

天才とは、才能のない狂人である。だから世間は天才が理解できない。

10

パスカルは「もっともらしいことを言う人間は性格がなってない」と言った。だから私は出来るだけもっともらしくないことを言おうと心掛けている。人は私を狂人と見る。

11

白痴しか真の空《くう》の世界を知らない。それは単にバカなることだ、と言っても世間の人は信用しない。

12

人間の幸福は金《かね》の奴隷になることである。人間が主人になることはない。人間が得るのは金の下僕の幸福だけである。

13

人類の歴史とは神の創作した高級奴隷と低級奴隷の戦争でしかない。神は己れの楽しみのために人間を作った。

14

寝る時間が近づくと時間がひどく貴重に思えるが、明日のことを考えると寝ぬわけには行かない。人間、死が近づくと同様にひどく時間が貴重になる。が、明日はない。そこで宗教家は金儲けのために来世とか、天国とかを作った。

15

バカとは自分にその自覚がない者である。

16

エセ思想家とは、思想すればするほど、自分の思想が理解できなくなるものだ、と言うことが分らぬ人である。

17

いくら考えても答が見つからぬことは、答を見つけることにあるのではない。そも人間は、虚構（嘘）の世界を生きているのだから、答などないのだ。

18

学者、知識人はそれなりのきれい事を言っていれば商売になるが、思想家は乞食のように生きるしかない。

19

恋人たちがたいてい愛し合うように、夫婦たちはたいてい憎み合う。

20

マス・メディアの流す情報はほとんど嘘である。そも彼らは真実なるものが存在しないことを知らない。彼らは金になる真実だけを報道しているのであり、そうであれば、どれほど金にならぬ真実があるか。

21

恋愛とは、所詮、糞袋同士が交接しようとするヒステリー感情である。故に生れて来た子供も糞袋のヒステリー性を帯びている。

22

自国民の死には悲しむが、敵国民の死には喜ぶ。死とは不平等なものだ。

23

人は立派そうなことを言う人間ほど悪臭が漂ってくる。しかし、むしろその悪臭に惹かれるのが、人間の性《さが》である。

24

身体のダイエットをする人は多いが、金銭のそれをする人は、この世間では慈善家というバカに分類される。

25

どんな厳粛な儀式であってもオナラは止めようがない。それが人間の持って生れた喜劇性である。

26

偽善者とは、自分が偽善者であることが分からない。そこに唯一、人間喜劇の楽しみがある。

27

女が美しくなろうと化粧をすればするほど化物に似てくる。そして化物であればあるほど、男に愛される。

28

宗教家とは、不幸な人間を食いものにして肥え太る聖人である。

29

他人《ひと》の振りを見て、我が身を省みないのをモットーとするのが現代人の美徳である。

30
夫婦が愛し合う秘訣は、相手を空気のように無視することだが、それができぬのが人間の性《さが》である。

31
現代は悪徳が栄えられるほど高貴な時代ではない。愚徳の時代である。

32
愛し合ったら、後は憎み合うしかない。もし退屈な人生がお嫌なら。

33
美徳は善人というクズのための勲章にまで落ちた。

34

心の中になにか暖かいもの、春の日差しのようなもの、それが人間には必要だ。

35

夫婦の憎しみの原因は、自分の人生の可能性を摘み取られてしまったと思うところにある。摘み取られるほどの人生が自分にはあったと思いたいのだ。

36

便利で豊かになればなるほど、心は貧しくなる。

37

便利さとは、心の豊かさと錯覚させる秘薬である。

38

世の中で無用な人間ほど世界を見通せるが、それはなんの役にも立たない。無用者の真骨頂はそこにある。

39

独身中年女性の喜びは、結婚して子持の女性の不自由さを勝手に膨らませ空想するところにある。そうして自分の孤独と老齢とから目を逸す。

40

ジャーナリストは真実という美名の下に、自国民を悪臭で染めあげて行く職業である。

41

真実は無数にある。権力者はその中で自分に都合のよい真実を選び出す。そして国民はそれが儲けになると思えば真実を見做す。

42

美女が便秘に悩んでいるなどと考える男はまずいない。テレビの便秘のコマーシャルの多くが美女だということを見てさえもである。男は永遠にバカである。

43

幼い頃、野山を駆け回った頃の純真な心の自分と、今の自分のそれとをどう和解させればよいのか?

44

戦前、戦争を発揚すれば愛国者と見做され、戦後、戦争反対を唱えれば、立派な国民と見做される。しかしそれらは同じ人間の本質から発せられた言葉だと信じる人間はまずいない。

45

戦争のないところで「戦争反対」は馬鹿でも言えるが、戦場でそれを言える人間はまずいない。人間の頭は蝙蝠《こうもり》のように自分の都合で鳥にも獣にもなる。

46

現代、「反戦」を唱えるために勇気はいらない。ただ馬鹿さ加減だけあれば十分である。

47

概して人間は悪臭には目がない。蠅《はえ》が糞に群がるように。

48
腐敗した政治家がいるわけではない。腐敗の中にいるだけである。

49
腐敗の中でしか優秀な政治家は育たぬ、ということをなぜか人間は信じたがらない。

50
腐敗のもつ滋養から栄養を得ようと様々な虫が集まってくる。が、同時にそこからしか思想は生れない。

51
下らぬお喋りをする人ほど、有能な知識人だと思われがちである。

52

教育者として認められるためには、立派そうなことを言い、何もしないのに教育界に貢献しているかのように見せかける才能のある人である。

53

平凡なことを非凡そうに言うのが、優れた学者の資質である。

54

平凡なことを非凡そうに見せかけることは、つまらぬ内容物を美しい包装紙で包むようなものである。

55

今にも死にそうな患者を生き返らせた医師は神のごとく崇められるが、彼（彼女）はただ自らの仕事をしただけに過ぎない。必ず後に請求書が患者のところへ届くということは、神でないことの証である。

56

人間が酒という気違い水を好むのは、自分が気違いだという自覚がないからである。

57

夫婦生活とは、毎日同じことを喋っている鸚鵡《おうむ》の退屈さの謂《いい》である。

58

戦場で軍医が、もしまともに考えたら自分の仕事に悩むだろう。そこでは破壊と修理とが同時に行なわれているのだから。結局、彼はこれは「戦争というゲーム」なのだ、と納得するしかない。

59

肩書とは、名刺の肩に書いているだけで、人間の品格を保証するものではない。多くの場合、自分を立派に見せるための広告である。

60

教育とは画一的でつまらぬ人間を作り出すためのものである。化学肥料で作られた安価でまずい野菜のように。そしてそうした野菜を育てている人間はなおまずい。

61

多くの人間は肩書を失うとただの人になる。人は肩書のない自分を恐れる。

62

軽蔑している人を、それと覚《さと》られることなく褒めおだてるのが、偽善者の密かな楽しみである。

63

考えることの目標は勝つことであって逃げることではない。しかし逃げたことを、勝ったと見せたがる指向が人間にはある。

64

都会人は田舎者を馬鹿にする。しかし馬鹿にする以外の取得が都会人にあるとは思えない。これは文明人にも言える。

65

今日、徳とは金の謂である。醜い美徳はあっても、美しい悪徳はない。

66

善人の悪事は醜いが、悪人の善事は美しい。
こういうレトリックを人間は好む。

67

公正な売春もあるが、醜い恋愛もある。
前者の場合、相場は決っているが、後者のそれは高値を選ぶ。

68

文明人はメディアの悪臭に慣れすぎている。
その鼻の利かない頭で記事を読むから、彼らの頭は腐って行く。

69

いつも物事に追われ、静安というものを知らぬ文明人は不幸である。が、文明人は不幸でいる方が幸福らしい。

70

文明人は、大地に大の字になって青空を眺めることの喜びを忘れてしまった。

71

バカとは概して立派な地位にいる。

72

憎しみもそう悪くはない。これほど激しく頭を使えるということはいかにも人間的ではないか。豚にこんな芸当はできない。

73

天才は忘れた頃にやって来る。これは天の災難によって生れた人だからである。ここに天災と天才とが、不幸を齎すことでの共通項がある。

74

死を厭《いと》う気持はよく分る。なんであれ初めというのは嫌なものだ。二度目というものがあったら、きっと楽だろう。

75

豚は臭いという。豚に聞いたらそうかもしれぬという。人間に豚の臭さがあるのは、豚のように肥え太りたがるからである。

76

事を成すに当り、年齢、環境は関係がない。志の問題であるが、それを逆境のせいにしたがるのが人間である。

77

自分が悪臭を放てば放つほど、それが人を快くさせていると勘違いする習性が人間にはあるようだ。

78

人生の戦《いくさ》の中で戦略、戦術は重要であるが、最後にものを言うのは金である。

79

戦いに勝った者は、人生はバラ色だと言い、負けた者は灰色だと言う。しかしその先には、どちらも黒い死が待っている。

80

人生なんて深く考えても仕方がない。せいぜい上手《うま》く死ぬか、疲れて死ぬかの違いくらいでしかない。

81

人生に悩む人は考えるだけでなにもしない。なにかに向かって全身で向かえば自然に身体が教えてくれる。そして運がよければ、身体破壊という死が待っている。

82

劣った金言集とは、薬味の利いていない料理のようなものだ。優れた料理人は薬味でごまかす。

83

人間で問題となるのは彼の思想ではない、品格である。思想は借用できるが、品格は自前でいくしかない。

84

難解な書物などというものはない。所詮、人が書いたものだから。が、謎の書物というのは存在する。自分自身という書物だ。

85

聖書に記されている、人々が姦淫した女を捕え、この女を石で打ち殺せと言ったのに対し、イエスは「あなたがたの中で罪のない者が、まずこの女に石を投げつけよ」と言った。イエスは姦淫のなんであるかを知っていた。

86

老人を老人らしくしてしまうのは、精神の老いである。老いた若者が極めて多いのはそのためである。

87

日本人が海外で活躍すると我が事のように喜ぶ。しかし同僚が僥倖《ぎょうこう》でも得ようものなら思わず妬《ねた》む。

88

同窓会とは、本来無縁の人々が、同窓を口実に自らの自慢話するための会である。

89

人は死ぬ運命を負っているのだ、と言っても大抵の人は笑う。が、実際、人は死ぬのだ。人の一生など、宇宙の中では針の先ほどの意味もない。

90

豊かな一生だと思っていても、死ぬ間際には未練は出てくるものだ。

91

聖人とは痩《や》せ我慢の怪物である。

92

英文が書ければ、教養があるといって褒められるが、教養のある日本文を書いても、めったに褒められない。

93

人間は他人の悪臭には敏感だが、自分のものとなると、とんと鼻が利かない。

94

人の悪事を非難する人に限って、自分の悪事に目を瞑る。

95

若者は老人を馬鹿にする。老人にも同じ若い時代があったのだということが悟れぬのが、若者の特権である。

96

才能などと言うものは、誰もが多かれ少なかれ持っている。その有る無しは時代の愚かさの尺度によって決る。

97

人間は内部に大きな宇宙を持っているのに、わざわざ大金を叩《はた》いて外の宇宙に飛び出して行く。それもせいぜいノミの跳躍程度に過ぎぬのに、それを大進歩だと大喜びする。人間の頭とはノミのそれとそれ程違わない。

98

学者とは、自分のことを疎《おろそ》かにして他人のことに夢中になる人のことである。自分（人間）のこととなるとさっぱり分らない。

99

私は自分の内面という書物ほど面白いものに出会ったことがない。それに対し、他人《ひと》の書物に夢中になっている人間とは、家庭を持たぬ人間が、他人の家庭に入り浸るようなものである。私は悪臭をかぐために他人の家庭（書物）を訪れるに過ぎない。

100

医学関係のテレビ・ドラマでは、余り死者は出て来ない。が、そのドラマは病院においては、多くの死者を出すという事実によって成り立っている。人間は事実より嘘を好む生き物である。

101

「おれおれ詐欺」も、もし「おれ」ではなく、「神」であったら詐欺に引っ掛ることはない、と考えるのは浅はかである。なぜなら、宗教も大抵、金を要求するからである。人の世界には、喜ばしい嘘と、喜ばしくない嘘とがあるだけである。

102

日本人とは敵側から飛んで来るミサイルに対し、懐から憲法九条を取り出し「この紋所が目に入らぬか」と言えば、ミサイルが平伏すると思っている変な頭の民族である。

103

戦後教育の最大の失点は、誇りと埃《ほこり》とを同義だと思わせてしまったことである。

104

平和であれば歴史は存在しない、という事実を理解しない知識人を、この国では良心的を呼ぶ。

105

隣の家の芝生が、自分の家のそれよりも青々と茂っていると除草剤を蒔いてやりたくなる。自分の家のそれが青々となって、初めて心から偽善者としての近所付き合いができる。

106

敵意を持った相手には、豚同様におだてるに限る。人によっては木に登るし、また運が良ければ落ちて死んでくれるかもしれない。

107

幸福とは、思考を停止し、精神を麻痺させることである。死がそれにもっとも近い。それでいて、人は死という幸福をもっとも厭う。

108

私は医者が嫌いである。彼らは患者が植物人間状態になっても生かそうとする生かし屋だからである。彼らは「お注射一本で死ねますよ」とは決して言わない。儲からぬからである。

109

過労によって死んで、ようやく訴えるのが日本人の美徳である。

110

人間は下らぬものであればあるほど群がる。糞に蝿が群がるように。

111

悪徳商法とは、そも社会に美徳というものがないから成り立つのである。

112

子供の犯した悪事を叱るのは、自分の犯した悪事を叱っているのと同じだ、と自覚する者はまずいない。だから平気で悪事を犯すのだ。

113

人間は金《かね》と金《きん》という、つまり紙幣と金属とに熱中する妖怪である。その妖怪性は死ぬことによってしか脱することができない。それが紙幣と金属とに一生を捧げる妖怪の快楽である。

114

悪事ほど楽しいことはないが、いずれその付けは回わって来る。だが、誰もができたらその付けだけで生きたいというのが人間の本音だ。

115

過眠症とは、思想という悪魔が睡眠の中にまで入ってきて、ペラペラとお喋りをするから過眠症になってしまうのである。そして、思想家はその悪魔のお喋りを、得意になって喋るから、世界は悪魔の巣になってしまうのである。

116

日本人の愚かさは、平和病に憑かれていることである。世界史を読んでも、人類が戦争病に犯されていることがわからない。

117

女哲学者が存在しないのは、美顔と便秘との関係を、弁証法的に解く能力に欠けるからである。

118

女が地下鉄内で化粧をするのは、地上の妖怪世界に登場するための下準備である。

119

ある科学者が、母猿と子猿とを、鉄板敷きの檻に入れ、下から熱するとどうなるか、という実験をやった。初めは母猿が庇って子猿を抱いていたが、耐えられなくなると足の下に敷いた、と言ってその科学者はほくそ笑んだ。この究極にあるのが原爆投下だろう。私には、人類とは地球上における最駄獣のように思える。

120

美女が便秘に息《いき》む姿は、もっとも微笑《ほほえ》ましい平和の象徴である。

121

小説は駄作であればあるほど売れるという事実に悲観して三島は切腹した。が、それによって彼は自己の武士としての誇りを証明した。

122

小説が駄作であればあるほど売れるというのは、世間の愚かさの証明である。が、それでも愚かになりたいのが、人間の性《さが》らしい。

123

遺産相続で争うのは、人生最大の暇つぶしである。

124

死ぬ覚悟もなく龍馬になれると錯覚するのが、竜馬ファンである。

125

税務所をなくすことは良いことかもしれない。誰もがそれを嫌うから。人間はそのように喜んで国家の破滅に加担する。

126

昔「命、売ります」という人がいた。売って豚の餌にでもする積りだったのか。

127

民主政治とは、そこに腐敗があるから人は政治家を目指すのである。それが溝板《どぶいた》選挙である。そして選挙民は溝の悪臭に引かれて一票を投じる。溝に捨てたという自覚がない。

128

民主主義、資本主義は愚物が尊敬される世界である。志、誇りを持った者は気違いの振りをするしかない。

129

高潔な人間に頭を下げぬのが現代の美徳である。頭を下げられるのは、人徳ではなく金徳である。

130

高い結婚指輪を買ってやれる男ほど羨まれるが、それが離婚慰謝料に比例することを知っているのは相手の女だけである。

131

ダイヤモンドの高価さと、愛情の価値とは等しい。貧乏人は愛を売春によって買うしかない。

132
犯罪で得た金でも愛が得られるのが資本主義である。資本主義においては、金と愛との区別がない。

133
どんな愚物でも金さえあれば、頭を下げられるのが資本主義である。

134
金によって愚物も尊敬される。今日、尊敬という文字は、辞書にだけ残された死語である。

135

現代の男は、愛していた貧しい妻の死に涙は見せぬが、金持ちの鼻持ちならぬ妻の死には涙を流す。これが現代の美徳である。

136

最後に当てになるのは愛ではなく金である。隣人愛を説くキリスト教社会に格差がある理由もそこにある。

137

天才とは努力の賜ではなく、不幸の賜である。

138

人は器である。大きい器は自分の器を知らない。小さい器はそれを知っているから、大きく見せようとする。すると世間は愚にもつかぬ人間を大器晩成と呼ぶ。人間の尺度は骨董趣味のように計られる。

139

謝罪は日本人の美徳である。頭を下げることによって本質をごまかす。

140

紙幣は人が作ったものだから、理屈上誰にでも作れる。政府は造幣局の作る紙幣のみを本物と称し、大量の紙切れに過ぎぬニセ札を刷る。従って、誰かが本物とまったく見分けの付かぬ紙幣を作ればそれは正当化される。金《きん》本位制――金はニセ金《きん》を作ることができない――を止《や》めたのは、人間の強欲に基づく。

141

この国の堕落はホームレスが尊敬されぬことにある。彼らは、国家に頼らず、己れの力、忍耐、知恵で生きている。比べて、親の七光りで生きている政治家、芸能人らが、敬意を受けている現状を堕落と呼ばずして何と呼べばよいのか。

142

何組かの親子連れがレストランで食事をしながら会話をしていた。一人の母親が「家《うち》の子は牛乳嫌いで困っているんですのよ」と言ってその子の頭に手を置いた。その子は美味《うま》そうにビフテキを貪っていた。

143

勲章を一杯つけている軍人を見ると、子供の頃、ビールやサイダーの栓で胸一杯飾って喜んでいた時代を思い出す。

144

人間は口の穴と、尻の穴とによって成り立っている。現代人は口の穴に入る物には大いに敬意を表すが、尻の穴から出るものとなると、無価値どころか嫌悪さえ示す。昔の人は口の穴に入る物も粗末だったが、尻の穴から出る物も決して粗末には扱わなかった。

145

思想とは、悪魔の戯言《たわごと》である。マルクス主義者たちは、自らが悪魔の僕《しもべ》であることを証明するために一生を費やした。

146

世界に悪徳が存在するから、そこに美徳が存在するのである。今日、悪徳が存在し得ない以上、美徳は存在しない。

147

男女雇用機会均等法は、ほとんど意味を成さない。女は給料の高い夫を選ぶから。

148

ポルノ本とはほとんど唯一、人類に害を及ぼさぬ本である。もともと人類がやってきたことだから。

149

浮気をするような金持の夫を選んだ妻は悪女の鑑である。離婚慰謝料も計算に入れているのだから。

150

美女の優劣は、彼女が糞尿も漏らさぬような微笑を漏らすことができるか否かによって決まる。

151

愚にも付かぬことを言う知識人ほど、有能な知識人と見られることは、大衆の愚かさに比例する。

152

「天にましますわれらの父よ」という言葉に異議を唱えた男女平等論者を私は知らない。

153

男女平等論を唱える妻との間に喧嘩が絶えなかった夫は、鯉幟《こいのぼり》の一番上に緋鯉《ひごい》を据えることによって、平和を得ることを知った。

154

美しい女は、みな自分が美人であることを知っている。しかしそこに醜さの芽があることに気づくほど、美しい心を持った女はめったにいない。

155

女に支配されている男は、みな女が浅はかであることを知っている。だから支配されているのだ。

156

ジャーナリストよ、真実を知りたければ満員の女子化粧室を覗いてみればよい。そこには真実が一杯詰まっているから。

157

人間世界の真実とはつねに仮面を被っている。ところがその仮面を剥がすと、また仮面が現われる。人間とは結局、仮面に過ぎぬのかもしれない。

158

人間はエイリアンという怪物を恐れる。が、彼らからすれば人間もそう見えるに違いない。事実、戦争狂という怪物なのだから。

159

出来るだけ少ないもので生きられるものは幸福である。人間の不幸は出来るだけ多いもので生きるようとするところにある。

160

膨大な知識を頭に詰め込んで一生を終えた学者の人生とは、ただ一言、空虚！

161

狂牛病！　牛に言わせれば狂人病がよく言うよ、というところだろう。

162

仮面を被った人間という怪物、仮に神が存在したとしても、神はとっくに人間を見放しているだろう。

163

人間であるということは幸福であるのと同時に耐えがたい。

164

誰も自分に期待などしていないと思いつつ、それでも期待に背くまいと努力するところに人間稼業の辛さがある。

165

スターとは菊人形のように中身がないのに、あるように見せかける稼業である。そして菊が枯れることを恐れたスターは、それを造花に代える知恵を覚えた。

166

良い金言を書くと敵討《かたきうち》を果たしたような気になれる。しかしその敵とは外ならぬ自分自身である。

167

私はあまり好きではない、美しい装丁の本を繰り返し読む。美しい女と結婚した男の心理とはこんなものかもしれない。

168

僧侶が修行をするのは、徳を積むためではなく肩書きのためである。僧侶という肩書を持っている限りは食えるが、真の人間という肩書では食えない。

169

外国語上達法なる本が売れるのは、結局、勉強嫌いな人間が楽をして、金を稼ぎたいだけの話である。

170

頭の構造が疑われるような人間がいるが、相手もこちらの頭を疑っているのだろう。

171

人間世界は結局、弱肉強食だ、と言う人がいる。弱い者をいじめるためなら、人間はどんな理屈でも付けるものだ。

172

アイドルとは、大衆に玩《もてあそ》ばれ、金に扱《こ》き使われ、それを高みに昇ったと己惚《うぬぼ》れられる崇高なバカである。

173

スターとは、空虚な商品の放つ虚光である。言い換えれば、夜のネオンの薄っぺらさである。

174
推理小説とは、決して後ろから読まれることのない駄作である。だから人は夢中になるのだ。

175
現代芸術とは装飾されたゴミである。それを崇高なものと見る喜劇性を現代人は生きている。

176
ビキニ姿ではしゃぐ女性とは、下着姿で街を遊び回る幼女の頭脳と変らない。

177

現代人は不倫をしなければならぬほど、退屈な時代を生きている。

178

駄作とは売れることによって証明される。人生も駄作であればあるほど楽しいかもしれない。

179

駄作が売れるのは、その作者あるいは読者の駄作性の証明である。

180
金を儲ければ、儲けるほど、その人の人生の駄作性が証明される。そしてそれに憧れるのが人間である。

181
政治家、教育者、軍人、僧侶等が崇拝されず、アイドルがそうされるというのは、平和と見るべきなのか、国家滅亡の前兆と見るべきなのか。

182
忠臣蔵とは、歴史上もっとも下らぬものの一つに分類されている。しかしそこには、歴史上もっとも質の高い人々がいた。歴史とは質の問題ではないのかもしれない。

183

質のよい人間を作り出すためには、戦争が必要なのかもしれない。そうでないと猿に退化するのが、人間の宿命らしい。

184

長いものに巻かれたからと言って、人間性の暖まるものではない。しかし人は長いものに巻かれたがる。氷河期の訪れを恐れるように。

185

女は遠くにいれば魅力的であり、近づいても美しいが、それが肌がよく見えるまでに近づくと醜く、接触すると地獄である。

186

批評家とは、外国語の一つか二つかの小道具で、愚か者を驚ろかせ、それで金を稼ぐ人のことである。

187

「誰それがこう言っていた」と言って、やたらと有名人の言葉を引用する人物は、自分の言葉を持たぬ空気より軽い存在である。

188

人間が苦しめば苦しむほど、観客は悲しみに涙を流し、そして喜び楽しむ。

189

くよくよと悩む人は、半ば苦しむことを道楽にしている。

190

「人殺しなど恐わくない」と言ってナイフをちらつかせ凄《すご》む男は小悪党である。大悪党は、ちゃちなイデオロギーという大法螺を吹いて、多くの人間を地獄に送り込む。

191

観客はハッピー・エンドのドラマを好む。しかし初めから終わりまでハッピーだと怒り出す。

192

死人の出ない歴史は退屈である。しかし余り多数になると嫌気を催す。だから死者の数は、時に「推測される」と言う一言を入れて調整される。

193

私は天国から地獄に落とされた男の話を聞いた。「天国という所は極楽だから、食事から排便まで、すべて召使がやってくれる。自分は何もすることがない。そこで自分は思わず『地獄でムチ打ちにでもあってみたいものだ』と呟いたら、それを聞き咎めた天国の主が『お前はサディストか、地獄に落ちろ』と言われ、こうして地獄へやって来たのだ」と言った。そして「ムチに打たれると、かつての人間時代だった頃が懐かしく思い出される」と言った。

194

「善人そうに見える」とは悪事を働くための仮面である。都会にはそうした仮面の人々で溢れ、日々、犯罪が起る。「まさか、あの人が」とは、その証である。

195

私は憲法九条に明らかな誤訳を見つけた。それは戦争放棄ではなく、清掃放棄だと。日本人の心は芥溜《ごみた》めのように汚れている。

196

大衆はハレンチなことをすると怒るが、ハレンチな小説を書くと喜ぶ。

197

読者とは、人の不幸にまで金を払って楽しみたがる人種である。

198

ワイセツ罪のあった頃は、ワイセツな小説を書くと売れたが、なくなると売れなくなった。

199

アイドルとは糞も尿もしない妖怪である。

200 見栄《みば》えがよくても粗悪な商品は売れぬが、人間に限っては逆である。

201 人間の見栄えをよくする商品は売れるが、中身をよくするためのものは売れない。

202 医者の家に強盗が入った。「助けてほしかったら金を出せ」と言われたので、医者はてっきり同業者だと勘違いした。

203

金を払って天国へ行くくらいなら、金を貰って地獄へ行きたいのが、人間の本音である。

204

一日、百円でも助かる命もあれば、数千万円の富があっても助からぬ命があることを忘れられるところに、平和は成り立っている。

205

人間で厄介なのは、外見で見分けのつかぬことである。腹が黒ければ黒いほど、人は外見を白く塗りたくる。

206

不幸だと思っている人よ、空を見上げてごらん。お前の不幸とはそんなにもちっぽけなものなのだよ。

207

昔は金持ちしかバナナを食べなかったが、今は貧乏人かサルしか食べない。それが時代というものである。

208

強がりを言う人より、自分の弱みを曝け出し愚痴を言う人の方が好まれるのは、それだけ相手に優越感を与えるからである。

209

金や名声ほど鬱陶しいものはない。紙切れ（紙幣）や名前と言う空虚なものに、自分の人生が翻弄されるのだから。しかしそれが人間の好物なのである。

210

現代において、先生と言われる人たちより、たいてい動物園のサルの方が高貴である。

211

政財界における友情とは、同じ糞《くそ》にたかった蝿という関係でしかない。

212 口下手な商人ほど信用できる。

213 自分の無能さを、有能さと見せかける才のある人ほど、出世する。

214 失恋で自殺ですって！　なんて幸福な人でしょう。

215 生きるのに金が掛かるのは分る。しかし死ぬにも金が掛ることが、私を憂鬱にさせる。

216

カードを使って、それで様々な物と交換できる、というシステムが私には理解できない。また、それを不思議とも思わぬ人々をもである。私に分るのは、世界はなにも考えぬ人々によって回っているのだ、ということだけである。

217

人間は想像力の生き物である。顔も性器の一部であるというのも想像力である。それをべたべたと塗りたくるのは、ペニスを飾る南アメリカ原住民同様の野蛮人の証なのだろうか？

218

人間が「嘘だ」と言うのは自分が不利益を被った時だけである。そこから真実のなんであるかが見えてくる。人間にとって真実など興味がないのだと。

219

人間が知恵を発達させたのは、ただ掠め取ろうという欲求からである。自然からも掠め取ろうとする科学者の欲求は、本質的にペテン師のそれと変わらない。

220

愛すべき人間とは、しばしばバカ同然に利益を齎してくれる人の謂である。

221

人間は空虚な存在である。それもがらくたで充満した空虚である。そこにはいまだにイデオロギー、思想、神といったがらくたで満たされている。さながら、それが人間の証明であるかのように。

222

愛し合う男女が一緒に暮らしたいというのは、真実の感情である。しかしその男女が憎しみ合い別れるのも真実のそれである。その真実の感情の間に生まれた子供は、生涯、真実を嫌悪して生きる。

223
愛し合って結婚する男女は、無意識の内にもその愛の中に金勘定を忍ばせている。

224
結婚を祝う時も、死者を弔う時も、人間の頭を掠めることは、それらに伴う出費の問題である。

225

若者はいつの世にも、年寄りに洗脳され踊らされる。上手《うま》く踊る時もあれば、拙劣な時もある。歴史は彼らの踊り方の得手《えて》、不得手によって決まる。そこから年寄りは、目立たぬよう密かに、その上澄みを撥ねる。

226

批評家とは、あらゆる作品に通じながら、感動とは無縁の人である。

227

ついこの間までいた人が、死によって存在しなくなることは、人を驚ろかせ、悲しませるが、やがて居ない方が自然になる。

228

自分を不幸にしたものへの恨みは、いつまでも忘れぬが、幸福にしてくれたものについては、すぐに忘れる。

229

愛から齎された幸福は、人を動かすだけの力とはならぬが、不幸から生み出された憎しみは、いつまでも燻《くすぶ》りつづけ、人を動かす原動力となる。

230

この世に偶然なんてないと言う人もいるが、しかしこの世はすべて偶然によって成っている。人生はすべて、神様の賽子《さいころ》賭博次第である。

231

すべてに人は、無意識にしろ自分の人生を自分で決めていると思っている。ただ占い師という保証人がいないと不安になるだけである。そして人生に失敗すると、その責任を保証人に擦《なす》り付ける。

232

政財界人、宗教家がもっと貧しい生活をしていたら、大衆は彼らを尊敬するかもしれぬが、アイドルが貧しい生活をしていたら、彼らは憤慨するだろう。

233

いつの時代もお調子者の賢者が躍らせ、頭の空っぽの愚者が踊らされると相場は決っている。

234

エロ本と言うとどこかで下劣感が漂うが、ポルノグラフィーと言うと高級感が漂うのは、連れ込みホテルと三星ホテルとの違いに過ぎない。世間はそうした嘘が好きである。

235

人間にとって、一夫一婦制は鸚鵡のお喋りのように退屈である。姦通はその退屈しのぎである。人は誰もが内心それを知っているにも拘わらず、聖人のように偽善者を装う。

236

ポール・ヴァレリーは「目で姦淫でき、人を殺せたら、町は妊産婦と死人で溢れるだろう」と言った。そういうことを曖《おくび》にも出さず、聖人のような笑顔を見せるのが、人間という怪物である。

237

エロ本はもっとも熱心に読まれる本である。それを読む親たちは、我が子がこれほど熱心に教科書を読んでくれたらと、複雑な思いに捕らわれながらも、それを手離せない。

238

セクハラとは誰もがしたがるものであるらしい。ならば背中にそのメニューと料金表を張り出せば良いのではないか。そして食い逃げならぬ、触り逃げを警察が取り締まればよいだけのことである。

239

恋愛とは暖かい湯たんぽに足を乗せているようなものであり、結婚とはその冷めたものである。内心足で蹴飛ばしてやりたいと思っても、互いに笑顔を見せ合うのが、世間の言うところの円満な夫婦である。

240

明日も今日と同じことが起るに違いない、と人は信じている。目の前に深淵が覗いているなど、思いもしない。そして鼻歌交じりに地獄に落ちていく。

241

ナショナリズムは自然な感情だが、そんなものならサルだって持っている。その違いを学者は証明するために陳腐な論文を書く。

242

ファッションの先端に居ようと、遅れようと元々その中心などないにも拘わらず、中心にいると思っている者は得意になり、外れたと思う者は恥ずかしさを覚える。見

243

世物猿だってそんなことは気にもしない。猿知恵とはそこから生れたのかもしれない。

人は流行の先端をいけば、内容など問題にしない。愚かさという言葉が、今日まで生き続けている理由はここにあるのかもしれない。

244

宗教とは心の問題、つまり金銭からもっとも遠い問題であるにも拘わらず、ほとんど金銭で解決される。宗教家の心を切り開いてみれば、中からざくざくと金が出て来るかもしれない。

245

聖人とは欲を知らぬ人ではない。忘れた人である。

246

高貴に生きようとすると低俗になる。低俗でもいいと思えば丁度よい。

247

詩を書く少女の心と、片思いの少年の見る夢は、私の心を和ませる。

248

美食とは人生に疲れた人間が、最後に味わう快楽である。

249

芸術愛好家のお喋りとは、自らの趣味のよさを誇示しようとする阿房鳥《あほうどり》のそれである。

250

彼奴《あいつ》は欲深い奴だと非難する人がいるが、それは自分の中に欲深さがあることの証にすぎない。ただ欲深さの能力において劣っている者の僻《ひが》みである。

251

欲深い人間とは、いずれ自分も死ぬということが理解できぬ人である。なぜ理解できぬかと言えば、死んでも欲は天国で手形のように通用すると思っているからである。

252

博覧強記の人を世間は尊敬するが、私には偉大な鸚鵡としか映らない。

253

芸術を軽蔑することが芸術の始まりだ、などと言うのは嘘である。女を軽蔑する男に限って惚れる。

254

人間は言葉の奴隷である。嘘だと思っていても「愛している」と言われたい。人は言葉の奴隷として一生を過す。

255

嘘を付けぬ人、すべて真実でないと気が済まぬ人は不幸である。元々、有りもしないものを求めているのだから。

256

私は少年、少女の美しい夢想の世界に入っていきたい、と思う。しかしそこにあるのは多分、ガラクタ品だという予感が、私に二の足を踏ませる。

257

金持ちは下らぬ夢を見、聖人は退屈な夢を抱く。ただ悪女だけが、生々とした人間ドラマを心に描く。だから悪女は嫌われる。

258

ロメオとジュリエットが、もう十歳老けていたら陳腐な劇になっていただろう。

259

若者の取得は、ただ向う見ずなところだけである。なにも考えず突進していく。老人はそれを利用して、金儲けのために若者を戦場に送り出す。

260

老人の取得は中味は空っぽでも、長く生きたことである。ただその分、死ぬと早く忘れられる。

261

女の存在価値は美人であること、浪費癖のあることである。消費経済はこのようにして回る。

262

老人の存在価値は、国家に負担をかけ、若者にその負担を負わせることである。故に優先席に座る若者は老人に席を譲らない。

263

努力して得られるものを、努力なしに手に入れられるとしたら、人は後者を選ぶ。が、必ずしも後者が幸福であるとは限らない。

264
あまり欲に執着すると、死ぬときその分苦労する。

265
健康な視力をもつ者が、盲《めくら》よりよく見えるとは限らない。前者の方がしばしば障害物にぶつかる。

266
人は内部に真空を持っている。従って下らぬものまで吸い入れる。

267
女の幸福は一般に子を成して開花する。花を付けず、枯木となる木も多い。枯木に花を咲かせることができたのは、昔話である。

268

人は聖なる書物から多くを学ぶらしいが、私は下らぬ書物から多くを学んだ。私という書物から。

269

「ハムレット様、なにをお読みで？」「金（相場）だ、金だ、金だ」。人は本を読まず金を読むようになった。人は無知を好む存在であるらしい。

270

動物学からサルの生態は学べるが、人間のそれは学べない。

271

信仰の書とは、信じられそうもない話が書いてあると言うより、信じたい人間がいるから信仰の書と成るのである。これは詐欺に引っ掛る人間の心理と同じである。

272

信仰とは何も考えずに信じることだが、私がそれを厭うのは、その何も考えぬことの怠惰さである。それではロボットと同じではないか。つまり現代は信仰の時代になりつつある。

273

信仰のむずかしさは、それを信じることへの信念と、それを疑うことへの均衡の内にある。信仰とは苦悩の中にある愉悦であり、苦悩がなければその喜びもない。人間とは矛盾の塊《かたまり》である。

274

宗教は人を苦しみから救うことであるが、現代の宗教は金を払うことによって救われるまでに進化した。

275

猿も木から落ちる。人は幸福を願って神仏に祈るが、その僥倖《ぎょうこう》は猿が木から落ちる確率よりも低い。

276

「人間は一個の深淵である」と言うと、いかにも人間に威厳がありそうだが、誰もその深淵を覗いた者はいない。ただサルから進化したことを認めたくない人の言い訳である。

277

ただ若いというだけの若者もいれば、ただ長く生きたいというだけの老人もいる。

278

歴史のｉｆ《イフ》を面白がる歴史家は多い。しかしそんなことは馬鹿げている。元々、己の存在そのものがｉｆなのだから。

279

人間を堕落させるもの、それは自分が人間であることを忘れた時である。人間はしばしばそれを忘れたがる。

280

患者は担当医が自分の病気を知っている、と思っているが誤解である。医師が知っているのは病気の知識であって、患者の苦痛ではない。

281

おしどり夫婦が離婚するということは、見た目と内容とは違うという教訓以上に、夫婦とは本来、他人同士だと言うことである。

282

結婚という幸福を祝ってくれる人は多いが、離婚という幸福を祝ってくれる人はめったにいない。

283

政治ジャーナリストの言葉に騙される人は愚かである。彼らはあたかも実際、政治の現場でそんな事が起っているかのように、見せかける才能に長けているだけである。

284

女は、振り向かせたい男から無視されると、大抵その男の悪口を言う。

285

男からちやほやされると、女は大抵、愛嬌美人になる。美人になれぬのは擦れっ枯らしである。

286

男はどんな女にもちやほやしてやるべきだ。ペットだと思えば細部は気にならない。

287

女は騙されてもいいと思っている男から、いざ騙されてみると案外、底の浅い男だと思うものである。

288

どうしても別れたい男から逃げる最後の手段は、オナラを吹き掛けてやることである。スカンクはそうしている。

289

恋も家庭も、富も宗教も、すべてが幸福を齎してくれるとしたら、人に残された幸福は人生を憎むしかない。幸福漬けの人生ほど退屈なものはない。

290

しばしば真面《まとも》な人と呼ばれる人より、狂人の方がまともな考えを持っている。真面な人は自分をまともだと思っているが、狂人はそうは思っておらぬから。

291

下着におしゃれをする人とは、排水口を飾り立てる趣味の人である。

292

日本人が国語を学ぶのは誇りのためであり、英語を学ぶのは金儲けのためである。だから前者を疎《おろそ》かにする。

293

国家という虚構《フィクション》のために死ぬ人間は愚かかもしれぬが、そうした愚か者によって国は成り立っている。日本人はその愚か者を愛国者と呼ばなくなった。

294
民主政治の混乱の一つは、政敵を粛清するという思想がないからかもしれない。船長が入れ替り立ち替り交代するから、船は右往左往するばかりである。

295
なんにせよ政治を上手《うま》くやるには金であり、立派な政治家になるのも金である。清廉な政治家は大抵、後世、愚者と見なされる。これはすべて国民の意思に比例している。

296
政治家・役人の不正に怒りを覚えぬ国民とは、同じ穴の貉《むじな》だからである。

297

愛は人を殺すこともある、また救うこともある。だが憎しみは殺すことはあっても、救うことはない、という嘘を信じるのが人間である。

298

なんにせよ、愛憎の対象をもつことは、自分の真の心からもっとも容易に目を逸らすことのできる手段である。

299

欲の皮が突っ張ると、顔の皮も突っ張ってくる。もっとも簡単な顔の皺《しわ》取り法である。芸能人などがちっとも老けぬのは、この美容法を行っているからである。

300

戦前の軍歌は「勝ってくるぞと勇ましく誓って国を出たからは、手柄立てずに帰られよか・・・」であったが、今日の群歌は「買ってくるぞと勇ましく誓って家を出たからは、安物買わずに帰られよか・・・」に変った。これが同じ人間なのである。

301

有名人とは、空虚で頭を満たし、その空虚さに人々は群がり、世間はその空虚で満たされて行く。有名人とは空虚さを伝染させて、肥え太った伝染病患者である。

302

もの知りとは、己れの空虚さを得意になって吹聴する人のことである。

303

日本人が増毛、植毛、染毛と毛のことにやたら執着するのは、猿に退化したいからなのか？

304

愛の果てに地獄を見るより、愛の果てに我が子という（嘘でもいいから）愛の結晶を見る方が、人生はよほど過しやすい。子供にしたところで自分を地獄の結晶と見られるより、愛の結晶と見られる方が楽だろう。

305

パスカルは、「この無限の空間の永遠の沈黙が私を恐れさせる」と言ったが、私には「この有限の世間の果てしない陳腐さが私を悩ませる」と言いたい。

306

幸福にしてやると言えば、大抵の人は付いて来る。これが宗教と詐欺の共通点である。このとき、金を騙し取られたと思うのが詐欺であり、自ら支払ったと思うのが宗教である。

307

一生懸命働いても、やっとの生活の人もいれば、働かずに暮らしている人もいる。これは動物界では有り得ぬことであり、人はそれほど進化したということなのか、それとも退化なのか?

308

何事も初めがあれば、必ず終りもある。人の一生とはそれである。そのことを理解せぬ人間の最大の喜劇性は結婚である。人の出生はそこから始まり、その舞台上で喜劇を演ずることだから。

309

人とは本質的に騙されたいと思う存在である。それでいて上手《うま》く騙してくれぬと、かんかんになって怒る。

310

なぜ悪徳は楽しいのか。人間の密かな願望だから。

311

なぜ善人面して生きるのが疲れるのか。人間の本質から逸れているから。

312

光陰矢の如しと言うが、むしろ光陰屁の如しである。一瞬にしろ臭いだけである。

313

美しい女なら別に個性的でなくても男は引かれる。しかし、芸術の世界では美しくとも個性のないものはダメである。醜くとも個性的なものが評価される。人間の容貌も芸術的であったらよかったのに。

314

結婚は愛の墓場である。死は神の愛による安らぎ墓場である。いずれにせよ人間は墓場好きである。

315

墓場へ急げ！　多くの人がその実感を持っていない。大抵、気づいた時には墓場にいる。

316

人間とは不幸な存在である。死んでも経《きょう》などという説経を聞かされるのだから。その点、豚の方が幸福かもしれない。死ねば人間の胃袋が喜んでくれるのだから。

317

三島は「戦後を鼻をつまんで生きてきた」と言った。私は鼻摘み者として生きた。

318

日本で、世界的有名な日本人と言われる人は、大抵世界では無名である。

319

人は有名人になりたいわけではない。金が欲しいだけだ。

320

死んでみても、死が実感できぬのが人間の不幸である。

321
常識とは無知の別名である。何も考えぬのが常識だから。

322
時間が虚構（嘘）だということが分らぬのが人間である。死んで初めて分るが、その時は手遅れである。

323
昔、ある島に日本人という猿マネ民族が住んでいた、と未来の猿民族は言うだろう。

324
日本人が西洋思想を優れたものと思うのは、空っぽ頭の劣等感による。

325

英米人は道楽で外国語を学ぶが、日本人は金のために学ぶ。

326

西洋文明はもっとも優れたものかもしれぬが、同時にもっとも野蛮なものでもある。彼らは優れたところを見せつけることで、野蛮さを帳消しにしようとした。これにもっとも騙されたのが日本人である。

327

大抵、まともな人間より気違いの方がまともである。それが分らぬのが「まともな人間」という種族である。

328

成金（と金）とは、所詮、麩《ふ》（歩）のように軽い。

329

日本人は自国民を貶めることが良心的であるかのように思っている。私は猿の惑星に住んでいるのか？

330

人間には美しいものは美しく、醜いものは醜いという判断力がない。判断するのは欲である。だから美しい自然を破壊して金に替える。

331

今日、英語をすらすら読める日本人は結構いるが、江戸時代以前の日本語を読める者は極めて稀である。

332

「神様、生きていることは辛いことでございます」「むろんじゃ、余とても辛い。しかも不死じゃ。だから余の辛さを其方《そなた》らに分け与えるために、其方らを作り、余はその分楽になったのじゃ。だから其方らを助けるわけには行かぬのじゃ」

333

初めに闇があった。神が光あれと言った。そして神を見捨てた人間は、闇に向かって電気あれと言った。

334

真面目なことを言えば言うほど、偽善者に近づいて行く。不真面目なことを為せば為すほど、人間の本質に近づいていく。

335

「私は正しい」という者は、一度として自己の正しさの根拠を証明したことのない人である。

336

恋する女とは、嘘涙《うそなみだ》の量ほど男に金を貢《みつ》がせねば気が済まぬ生き物である。その涙の結晶がダイヤモンドであれば、女がそれに執着するのも道理というものだ。

337

恋する美女も結婚すると、後は老婆になる仕事しか残されていない。そこから逃れるために大枚な金を払って顔を塗りたくる。

338

恋愛と結婚とは、根は一つである。前者は美酒に酔うようなものであるのに対し、後者は二日酔いに苦しむようなものである

339

神なき人間の惨《みじ》めさ、神ある人間の悲惨さ。結局、神は賽子《さいころ》博打に打ち興じているだけなのだ。

340

現代における恋愛とは、恋する男がお金を入れると自動販売機から女の涙が滴り落ちる関係にまで進化した。

341

恋愛とは、自分の容姿に自信を持てぬ女が、男から美人だと言われて、それを信じる心理である。

342

ロメオとジュリエットが醜男《しこお》と醜女《しこめ》だったら観客は腹を抱えて笑うだろう。人は、本心においては悲しい現実を笑うものなのだ。ただ世間はそれを笑わぬ、という取り決めの上に成り立っているに過ぎない。

343

戦争をすれば必ずそれによって苦しむ人々が出て来ることが分っていても「分っちゃいるけど止められない」ほど、戦争は人間にとって本質的なもののようである。

344

立派な人間はしばしば、その業績に比例して退屈な人物であり、しばしば業績に比例して女好きである。

345

平和な歴史が退屈であるように、平和な家庭とはどこかしら退屈な臭いがする。

346

テレビで不倫騒動などを嗅ぎ回っているリポーターを見ていると、悪臭を嗅ぎ回って地べたに鼻を擦り付けている豚を思い出す。

347

オシャレとは他人によく思われたいと言うより見栄《みえ》である。だからブランド品のニセ物がよく売れる。

348

頭の空っぽな日本人は、国産品より劣っていても西洋ブランド品に憧れる。御粗末な西洋思想で頭を満たすように。

349

人の一生とは歌の文句じゃないけれど「腹が減ったらおまんま食って、力尽きたらあの世行き」である。人生とは豚の喜劇に過ぎない。

350 有名人になって、他人《ひと》にちやほやされて一生を過す。これを不毛と呼ぶ。

351 詩人は自然という神秘の泉から美しい言葉を汲《く》み出そうとするが、大抵の人は自然から石油を汲み出す方を好む。

352 良寛は隠れて生きたればこそ、人に慕われた。それに比べて、著名人は死ぬとすぐに忘れられる。

353

天才は大衆に玩《もてあそ》ばれぬよう隠れて生きることを好む。ランボーは隠れていた所を掘り起され、祭りに上げられ、そして陳腐にさせられた。

354

金は文句を言わせぬ唯一の武器である。だから人は、金がなくなると文句を言う。思想とはその文句の捌け口である。

355

恋愛と結婚との大きな違いは、そこに平然とおならのような月並なものが入って来るか否かの違いである。恋愛という夢のような世界でも悪臭は時には許されるが、結婚という実生活においては、悪臭は否応もなく鼻を突く。廃水口のように。

356

女は男に愛を与えるだけ与えておいて、その二倍の請求書を突き付ける。

357

女の容貌より聡明さに引かれる男はめったに居ないが、大抵の女は男の容貌より富に引かれる。

358

愛する者の思い出に生きられる人は幸福である。大抵の人は愛する者の残した財産に幸福を感じる。

359

人生あるいは歴史とは、人類というちっぽけな存在が演じた茶番劇に過ぎない。そこには一切高貴と呼べるようなものはない。

360

光陰は蝶のように彼方《かなた》、此方《こなた》へと飛び交い、束の間に消える。歴史とはそうした閃《ひらめ》きの集積である。

361

夕日を心細げに見つめる女と、そんな彼女をしみじみと見つめる男は相性がいいかもしれない。だが、結婚したら女は決して夕日になど目もくれない。

362

「君の横顔はすてきだね」と女に言ったら男の負けである。女は男に最上のものしか見せぬのだから。そのために一体いくら金を使ったと思うのか？

363

今日、人望とは金払いのよさに比例する。人望は徳とは異なるものである。

364
「君あわててどこへ行くのさ?」「墓場さ」

365
芸術家曰く、「芸術は美しいだけじゃダメだ。時には醜く、不快を与えるほどに刺激的でなくちゃ」。某人答えて曰く、「すると君のように下らなく生きればいいんだね」

366
靖国神社に集団で参拝する政治家を見ていると、どこか二度とペテンを犯してはならぬと誓う、ペテン師の厳かさと滑稽さとを感じる。

367 大衆は、他人《ひと》が不幸な死に方をすればするほど昂奮する。

368 学問より、サルの生活を観察する方が実生活においては役に立つ。

369 飽きがきた恋人は簡単に捨てられるが、逆に袖にされると魂をひき抜かれたような気がする。世界とは逆説の上に成り立っている。

370

恋人に捨てられて必要なのは想像力である。二十年後、自分がそこらに居る退屈な、うざったい中年男女と一緒なのだと思えば、つくづく恋に破れてよかったと思えるはずだ。

371

人間、死を前にしないと自己の生について考えない。自己の死を考えないと生もない。

372

貧しく、希望もない日々が続くとしたら、どうして神なくして生きて生かれようか、とは考えるが、神が実際なにもしてくれぬ現実が、人を犯罪に引き摺り込む。

373

希望があればどこでも生きて行かれるが、希望がなければ生きて行かれない。しかしその論理には、そも希望とは金だという定義がない。

374

テレビの吐き気のするような下らぬ番組は人が吐くためのものである。現代人はそれ程、飽食しているのだ。

375

「お綺麗ですよ」と言うと商品は売れるが、「頭が良くなりますよ」と言っても売れない。所詮、人間にとって外見の方が大事なのだ。

376

整形美人になっても、中味はなにも変らぬということが理解できぬのが女という生き物である。

377

武士道といふは死ぬことと見付けたり、と言うが、死の方が先に見付けるのだ。

378

皮肉屋とは、己の劣悪さにうんざりして他人《ひと》の悪口を言うことによって、己の心の調和を図ろうとする人である。

379 恋愛は悪臭を発すれば終わる。ロメオとジュリエットの墓場の悪臭は描かれなかった。

380 美人に生れついた女は生涯、自分が美人であることを義務だとして、大枚な金をはたいてそれを墓場にまで持っていく。

381 失敗するドクターがいて人口は調節される。

382 戦争は死者に損をさせ、金持ちを儲けさせる商売である。

383

一日、二時間以上眠る私を、三時間しか眠らぬ友人は、いかにも自分が得をしているかのような目で見る。彼には死という時間が計算に入っていないのだ。

384

私は暇潰しのために生きている訳ではない、と言っても他人《ひと》は理解しないだろうから、ただ苦笑するのである。

385

人類とは幼い顔をして人を殺す生き物である。人は赤ん坊の笑顔を誤解して喜ぶ。

386

人は常識という価値に毒されている。非常識の価値を理解する者は稀である。

387

人間は自己の存在に無関心に生きる。だから戦争をすることによって、自己の存在が苦であることを確かめる。歴史の本質はそこにある。

388

人は死ぬために生きているのだ、ということを理解する者は稀である。つまり人生は不毛だと言うことを。不毛だから豊かにしようとするのが人生である。そのためには金がいる。

389

地獄へ行くには金がいるが、天国へ行くには金はいらない。こういう逆説の下に宗教家は金を稼ぐ。

390

人間の愚かさは金（紙幣）が増えると思っていることである。試しに机の上にしばらく置いてごらん、決して増えぬから。それでも信じぬのが人間の貪欲性である。

391

人生の楽しみの一つに、他人《ひと》にバカにされていると見せかけて、密かに相手をバカにすることがある。

392
悲劇の面白さは他人事《ひと》だからである。

393
役者バカはそれを自認している。だが彼(彼女)は舞台では普通の人を演じ、家に帰っても普通の人を演じる。彼(彼女)がバカなのは自分がバカだと思っている点だけである。

394
女が髪を飾るのは自分の愚物性を見せびらかしたいからである。美容師とはその愚物性で食っている者の別名である。

395
美食家は自分が死からもっとも遠い存在だと思っている。彼らの頭は粗食がもっとも人を長生きさせることを忘れさせるほどの空虚さで満されている。

396
政治家とはホラ吹きのバクチ打ちである。

397
愛から生れたものが人をいかに殺したかを、人はすぐに忘れる。宗教、思想、イデオロギー。

398

愛人とは嘘をつかれていても、いかに相手から金を掠め取れるかを計算している人のことである。

399

バカとは概して美しい愚物が演じる主役である。

400

長い箴言集とは、長い結婚生活のように退屈である。人は離婚《わかれ》の時を心得ていなければならない。

あとがき

本書は唯一、私自身がバカにされようと思って書いた作品である。そして人は他人《ひと》をバカにすることを喜ぶ

堀江秀治（ホリエシュウジ）
昭和２１年１月　東京に生まれる。
昭和４４年３月　慶應義塾大学政治学部卒業。
昭和５２年４月　家業を継ぐ。

黒表紙の箴言集《しんげんしゅう》　堀江秀治 著

2019 年 8 月 5 日　初版第 1 刷発行

発行者　大石真平
発行所　株式会社エフジー武蔵
http://www.fg-musashi.co.jp
〒 156-0041 東京都世田谷区大原 2-17-6-B1
TEL 03-5300-5757　FAX03-5300-5751
ISBN　978-4-86646-036-9